연기煙氣

리토피아포에지 · 44

연기煙氣

인쇄 2016. 5. 23 발행 2016. 5. 28
지은이 정승열 펴낸이 정기옥 펴낸곳 리토피아
출판등록 2006. 6. 15. 제2006-12호
주소 402-814 인천 남구 경인로 77(숭의3동 120-1)
전화 032-883-5356 전송032-891-5356
홈페이지 www.litopia21.com 전자우편 litopia@hanmail.net

ISBN-978-89-6412-064-4 03810

값 9,000원

이 도서의 국립중앙도서관 출판예정도서목록(CIP)은 서지정보유통지원시스템 홈페이지(http://seoji.nl.go.kr)와 국가자료공동목록시스템(http://www.nl.go.kr/kolisnet)에서 이용하실 수 있습니다.(CIP제어번호 : CIP2016011449)

이 시집은 인천문화재단, 인천광역시, 한국문화예술위원회의 지원을 받아 제작했습니다.

정승열 시집

연기 煙氣

문학과유토피아
LITERATURE & UTOPIA

시인의 말

새롭게 피는 꽃 하나

화창한 봄날 뜰에 핀 꽃나무 한 그루에서
작년과는 또 다른 표정을 읽는다.
꽃을 매단 가지가 달라져 있고
매달린 꽃의 모양새도 새롭다
나무 자체도 훌쩍 자랐고
나무를 지나는 바람도 가지를 흔들어
모양새를 흩뜨린다.
나의 시詩도 이들처럼 날로 새로워졌으면,
하루하루 변화하는 자연과 세상과 삶에서
정말 새롭게 꽃 하나 피워 보았으면,
그게 바로 나의 서정시를 업그레이드 하는 비결인데
마음만 부산하고 바쁠 뿐이네.

2016년 봄
정승열

차례

제1부 연기

제2부 흔적

제3부 빙하기

제4부 단풍

제5부 숲

| 제1부 |

연기

달맞이꽃

달빛 아래 허리춤을 내리고
희멀건 허벅지로 춤 한번 추고나면
이리들 야단이다 시인은
눈물을 찔끔거리며 가엽단다 뽀얀 얼굴이
어둠에서 익은 달뜬 유혹의 목소리가
너무 앳되어 안스럽단다
꿈길에 들어서는 달밤이란 무대에 알몸으로
우유빛 안개를 휘감고 서면
나는 낮에는 보이지 않는
또 하나의 별이다

연기煙氣

나는 색을 지우는 화가
싱크대 설거지물에다 변기 물을 섞고
라디오 음악 소리에 전화소리를 뒤섞어
버스 뒷좌석 바퀴가 돌고 있는 즈음에 배설을 하면
하루라는 그림이
뭉개진 조간신문 활자들처럼 한없이 시커멓다.
그래서 나는 까매진 생명들의 흔적에서
색을 건져내어 하나씩 하늘에 흩뜨린다.
누구도 나를 제대로 목격한 사람은 없다.
그래서 나를 탓하는 사람은 없다.
그래서 나는 투명하다.
바다에 빠진 아이들에게서 꿈을 빼앗아
허공에 파란색으로 흩뜨릴 때에도
사람들은 정작 내 죄를 보지 못했다
내가 노랑, 빨강, 연두, 주황색을 거두어
하나씩 하늘에 그림으로 그려낼 때에도
누구도 그 감동을 목격하지 못했다.
그래도 나는 그림을 그린다

모든 수심으로부터 색을 길어내어

하나씩 허공에 흩뜨리는 나는

투명의 화가다.

나비

무대 뒤에서
어둡고 지친 시간들을 깡통에 담아
마구 휘저으면서 비명을 지르며 튀어 오르는 색깔들을
먼저 몸에 두른다.
정교한 스텝 뒤로 남는 춤의 그림자에
어제 물가에서 터뜨린 폭죽의 색을 입히고
동대문 길가 패션쑈에서 훔겨 보았던 춤사위에
젖은 무지개를 바른다.

무대 뒤에서
간혹 기다림의 긴 시간을 조금씩 잘라서
햇빛이 내려앉은 잎사귀를 잘근잘근 씹는 연습을 한다.
해서 뽑아낸 색실로 노란 날개깃을 만들고
그도 모자라면 목욕탕에 갇혀 있던 아이의 신음에서
퍼런 색실을 자아내어 연약하고 애처러운 춤사위 하나
만든다

설혹 막이 열리고 조명이 쏟아지는 무대 위로

찬란한 내 춤이 펼쳐진다면
너울너울 내 춤사위만 보지 말고
날갯짓 사이로 흐르는 어리고 여린 색깔들의
숨죽인 노래를 들어 보아라

매미

땅 속에서
칠년이 너무 긴 시간이라는 걸 매미도 안다
맘만 고쳐먹고
온갖 뿌리를 마구 먹어 치운다면
한해가 기울기 전에 성체를 이루는 것은 쉽다
그러나 그렇게 해서 뽑아낸 울대에선
제 소리가 안 난다

오랜 세월을 두고
먹이를 가려서 소리를 추려낼 줄 알아야 한다
개나리 울안에서 들려오는 아이의 웃음소리,
느티나무 그늘에서 불러주는 어미의 자장가,
참나무 가지에서 들리는 휘파람새 노래,
먼 도시에서 들려오는 확성기 소리,
그렇게 모은 소리로 울대를 만들고
오래오래 다듬어야

물 한 모금, 밥 한 공기 입에 대지도 않고

죽을 때까지 소리만 하다 죽을
매미로서의 오페라가 완성되는 것이다.

바람꽃

꽃잎을 열어 하늘을 받아드리기 전에
먼저 바람의 귀를 열어야 한다
태중胎中 정혼定婚한 미지未知의 그대가
바람결에 보내는 음성을 수신할 수 있어야 한다

그믐날 밤이 좋을 것이다
수많은 별들 속에서 그대를 헤아리는 것은

천상의 별을 떠나 희미한 빛줄기로 먹구름을 뚫고
천둥과 번개에 휘둘리면서도 그대가
애끓게 보내는 구애의 목소리를
감지할 수 있어야 한다

어느 머나 먼 계곡에서 굴러 떨어지는
그대의 미세한 발걸음이나
폭포에 휩싸여 점점 미약해져 가는 그대의 신음 한 점이라도
놓치지 말아야한다.

아침 이슬방울이 좋을 것이다
그대의 목소리를 분광分光하여 온갖 색깔로 거르기에는

지친 그대가 다가오기 수월한
섬세한 문양을 만들어 흔들기에는

모든 꽃잎을 활짝 열어
바람결에 쉼 없이 흔들려야 한다

행여 그대가 놓치지 않도록
고개를 조금만 숙이고 흔들려야 한다

먼 길에서 쇠잔한 그대의 몸체가 마침내 안개처럼 부서져
바람결에 음성만 간신히 이어지고
수신하던 꽃잎마저 시들어 가더라도 함부로
삶이 허무하다고 독백을 해선 아니 된다

전능한 제약사가 약제를 다루듯
그대가 보낸 음성들을 바람결에 거르고 걸러서,
영원한 언약의 환丸을 하나 만들 일이다
긴 기다림과 그리움의 통로를 열어 그 언약의 환丸을
자궁에 깊숙이 심을 일이다

이승에서 만나지 못한 사연들을 청홍 색실로 뽑아
그 언약의 환丸에 칭칭 감아서
장차 새별에서 태어날 탯줄로 쓸 일이다.

등불 센서

당신은 지금 막 나에게 잡혔어요
당신에게 주어진 시간은 30초에요
30초 안에 당신은 할 일을 빨리 하세요
계단을 오르거나, 소변을 보거나, 구두를 벗거나
노래를 불러도 되요
춤을 춰도 되요
30초 안에 해결하세요

옛날에는 달이 있어
밤새도록 노래 부르고 춤도 출 수 있었어요

요즈음은 노래도 춤도
빨라야 해요

물론 30초가 지나도 노래를 계속 부를 수는 있어요
그러나 착각하지 마세요
30초가 지나면
나는 당신을 암흑의 벼랑으로 밀어버릴 거에요
우리는 당신이란 존재를 망각해 버릴 거니까요

소견서

TV가

'세상'이란 음식을 제대로

되새김질 못하여

속이 헐었는지

또

상傷한 소문을

게워내고 있다.

저 불은 내가 질렀다

소방관님 저 골짜기 불은 제가 질렀습니다
오늘 새벽 남들 다 잘 때
꽃봉오리들의 언어를 불러 모았건만
언어들이 서로 엉겨 풀어지지 않는데 화가 나서
저 혼자 몰래 골짜구니에 들어가
아직 입을 열지 않는 꽃봉오리들을
두들겨 깨웠지요
타다 만 별의 불꽃으로
꿈에 취해 눈을 못 뜨는 꽃망울에게
사정없이 휘둘러 불을 댕겼지요
온 골짜기를 오르내리며
술 취한 동네 망나니처럼 손발을 휘둘러대다
지쳐서 깜박 잠에 빠진 게 실수였습니다
눈을 떴을 때 아침 햇살이 퍼지면서
이미 온 골짜기는 불바다였습니다
이렇게까지 번질 줄은 몰랐습니다
소방관님 저 골짜기 벚나무, 진달래, 복사꽃에 붙은 불은
제가 저지른 범죄입니다

별똥별

수억 년을 넘어 지치도록 사랑의 고백을 보냈건만
아무리 기다려도 돌아오는 답신이 없어
별들도
절망할 때가 있다

절망 끝에
떠돌이별로 튕겨 나와
별과 별사이를 방황하며
끝없이 낙하하는
이 어둠의 행적

지난 날 몇 억 광년을 날아 가
간신히
바다 속 산호초에
하얗게 기절하여 쌓여 있을 나의 노래들

그 노래로
한 마디씩 가지를 뻗고 있을

산호초 그대를 향하여

나 마지막 빛살로
내리 꽂히며
화려한 불꽃 하나 만든다.

나문재

한 때는 맑고 순수한 빗물이었을 것이다
이렇게 세월에 긁혀 짬쪼름한 얼굴이 되기 이전에는

한 때는 몸체도 부드럽고 가벼운
바람의 아이로
깔깔거리며 들판을 뛰어 다녔을 것이다
그대 간간한 목소리를 찾아 이 염전 모퉁이에 서기 전에는

한 때는 백합보다도 더 진한 향기였을 것이다
햇볕에 구워지는 그대 간난艱難한 삶에 가슴이 무너지기
전에는

한 때는 민들레 깃털보다 포근한 날개였을 것이다
점점 경직되어 가는 그대 몸체를 어쩌지 못해
눈물로 퉁퉁 불은 손 마디마디를 뻗어내기 전에는

한 때는 솜털구름보다도 더 하얀 피부였을 것이다
소금으로 건조되어 가는 그대를 마주보며

바람도 식히지 못하는 열병으로 볼까지 붉게 달아오르기 전에는

바다, 그대를 사랑하기 전에는

걱정

내 죽음은 전혀 실감이 나지 않아
나는 지금껏 죽음을 걱정해 본 적이 없다.
그런데 지구가 앞으로 50억년 정도면
우주에서 사라진다는 게 진짜 걱정이다.

여지껏 지구를 보듬어 주던 태양이 그때 쯤이면
욕심이 커질 대로 커지면서 지구를 삼키거나,
욕심이 풍선처럼 폭발해서
지구를 산산히 부수어 버릴 괴물이 된다고 한다.

지구가 부수어져 우주 속으로 흩어져 가면
나는 어디로 날아가는 걸까
걱정에 걱정을 으깨며 밤을 샌다

민들레 홀씨

오늘 밤에는 한 번 걸어보는 거야
민들레는
한낮동안 바람에게 얻어맞아
얼얼한 얼굴과 사람들이 밟아 짓이겨진
너덜한 잎을 추스리며
오늘 밤에는 저들 인간처럼 한번 걸어보는 거야

사람이 많은 대낮보다 아무래도
깜깜한 밤길이 제격이야 우리 민들레는
걷는 연습이 필요하거든
땅에 깊이 박힌 발을 뽑아내야 해
여린 살점 몇 개는 떨어져 나갈지 몰라
발톱이 빠질지도 몰라

그래도 사람 발길은 피할 수 있겠지
어둠 속에서 막다드린 사람에겐
'걷는' 민들레가
모두 꿈속이야기라고 속이면 돼

긴 담장을 만나지 않았으면 좋겠어
옛날 토담들은
금방 샛길로 들어설 수 있었는데
요즘 인간들의 담은 너무 높고 길어

자동차 길은 위험해
너구리가
자동차에 튕겨
길가에 처박힌 적이 있었지

철조망이 쳐진 강이 가장 낙심이야
강을 건너면 밥 한술 있을 것 같아
몰래 도강하는 사람들도 있지만
밤새 총 맞는 꿈이 무서워

매번 실망하고 돌아올 때마다
낙심의 칼로 '걷는다'는 꿈을
깎고 또 깎았어

너무 작아진 한 톨 꿈을 들고
독한 마음으로 외쳤지

"이젠 대낮도 사람도 무섭지 않아.
그냥 내딛을 거야.
허공이라도 좋아"

민들레 드디어 하늘을 날다.

걸레

맑은 강물 길어다
마루에 그림을 그린다
누군가 어지럽게 그리고 간
삶의 흔적과 토해 낸 욕지기와
묵은 감정의 딱지를 걷어내고
그 위에 맑은 하늘을 놓고 싶다
해서 걸레는
제 팔과 몸을 문질러
강물 흐르는 물길을 낸다.

고드름

기억의 처마 밑에 주르륵 매달려
되집어 세상을 들여다본다.

세상 사람들이
아무렇게나
쓰다버린 사랑을
켜켜이 모아둔
추억의 도서관

굴업도 소나무

이 삭막한 해안 바위틈에
하나쯤 있어야지
여문 얼굴에 한 50년 쯤 묵은
여기에 눕기 딱 알맞은
키 작은 소나무

온 하늘에 황금 색깔을 뿌리며
바다로 잠수하는 석양을
마지막 전송하는
손길이
하나쯤 있어야지

인적이 미치지 않는
바위 사이로
석양을 향해 홀로 울려 나오는
한 50년 묵은 바람소리처럼

| 제2부 |

흔적

잠복

밤夜을 실처럼 뽑아 나뭇가지에
여기 저기 걸쳐 두고
졸음이 몰려드는 눈을 흘기며
기다린다.
옛날 소녀차림으로 그녀가 혹 지난다면
망설임 없이 확 잡아채리라

그때는 너무 망설이다가
그녀가 딴 놈에게 날아가 버렸지
추억으로 벋어간 길
늙어 쭈그러진 손으로 거미줄을 치며
저 안에서 해맑게 웃으며 걸어 나올
옛 소녀를
숨죽여 기다린다.

흔적

지난 밤 살갗을 뚫고 뼈대를 가르는
냉기로 감각이 아리다.

서까래 대들보에 있던 맨살점들은
오래전 다 떨어져 나가고
부데끼면 삐그덕 대는 뼈대로만 버틴 세월

추운 밤 앓는 소리를 이를 악물고 참으며
고개를 돌려 골목을 내려다본다.

동생들이 서 있었던 자리
지금은 무너지고 헐려서 새 상가가 들어서는 길.
참고 버티라고 그렇게 타일렀건만
그 조그만 시련도 이겨내지 못하다니, 못난 것들.

광복이 되면서 거리에서 돌팔매를 맞고
욕설과 괄시를 받아온 우리의 역정歷程

여기 저기 찢기고 상처 난 몸체를 보듬고
오늘도 추운 밤을 지샌다.

아침 햇살이 퍼지면서 사람들이 몰려들고
한 사람이 확성기로 나를 향한다.

"이 건물은 제물포 개항 초기에 지어진 목조건물로
당시 전형적인 일본상가의 모습을 잘 보여주고 있습니다."

꿈의 정거장

이제 핸들을 꺾어 정거장 광장으로 들어간다
이 길에 들어설 때면 굳이 들르는 기차역이다
대합실 사람들 틈에 얼비치는 어머니와 동생들 모습

대합실 입구에서 손을 내미는 어릴 적 옆집 소녀와 그 아버지
이곳을 들릴 때마다 만나는 얼굴이다
소녀가 환하게 웃는다
뽀얀 소녀의 손등을 마주잡는 내손이 너무 늙어
핑하니 눈물이 났다
역건물이 심하게 흔들리더니 사방이 무너져 내리고
사람들이 희미하게 사라지고 있었다

차를 몰아 다음 정거장으로 서서히 들어섰다
어머니와 동생들이 기차를 아직도 기다리고 있다
북에서 혼령을 싣고 오는 기차
아버지도 오래전 이 기차를 타고 북으로 갔다
가족과 이별하는 슬픔보다

북에 친척을 만난다는 들뜬 얼굴로 아버지는 떠났다
그 기억이 야속해서 눈물이 났다
기차역이 또 무너지고 사람들이 사라졌다

또 다시 다음 정거장으로 들어섰다
혼령들을 싣고 오는 기차가 도착한 모양이다
북에서 온 혼령들이 우르르 역 밖으로 나오고 있다
소녀네 가족들이
북어서 온 친척을 붙들고 역 광장에서 통곡하고 있다
어머니가 눈물을 글썽이며 우리 형제들에게 부탁했다
'잘 살펴라 네 삼촌과 외삼촌이 내릴지 모른다'
나는 소녀네 가족을 부러운 눈으로 보다 또 울컥했다
기차역이 또 흔들리며 무너져 내렸다

산 위에 오르며

한 손에 바람을 휘감고
반질반질한 바위에 발끝을 밀착시킨다.
아래는 까마득한 저 인간의 세상
우리가 떠나온 세상

처음으로 저 세상을 떠나
구름처럼 산을 안고 싶었다.
퇴직하고 며칠을 뒹굴다
배낭을 메고
그 속에다 지난 골 아픈 일상을 담아
구름처럼 산에 오르며
휘이 휘이
허공에 흩뜨리고 싶었다

그렇게 지난 세월을 흩뜨리고 나면
돌아올 때는 분명 바람이 되리라

사람들은 알까

허공에 매달려 있는
저들이
저만큼 앞서 산을 오르며
뒤에 오를 사람들을 위해
발을 디딜 스탠스를 깍고
손가락을 비집어 넣을 홀드를 파내고 있다는 것을
그래서 종내는
산위에 올라 세상을 반추하며
바람이 되어가고 있는 것을

옛집

달이 옛집 처마 끝에 목을 맸다.
내가 늘 보아두었던 자리였다.
저 쪽 길 건너 그녀가 2층 창문을 열면
직선으로 내닫던 지점
거침없이 날아가 전달했던 수신호
수없이 가기만 했던 나의 신호들

옛날의 소녀로부터 문자가 왔다
처음 오는 답신이다
'저의 어머니 돌아가셨습니다
늘 옛집을 말씀하셨죠'
곁눈질하던 달이 먼저 목을 맸다.

선물가게

가게 문을 열고 들어오는
젊은 부부의 간절한 눈망울
인형을 찬찬히 훑고
자동차와 로봇 사이를 꼼꼼히 살피며
찾아 헤매는,
꼭 만나고 싶은
산타크루스
크리스마스이브 오늘

바보 아저씨

아파트 15층에서 이웃집 아이들과 엘리베이터를 탔다
문이 닫히고 내가 단추를 눌렀는데 움직이지를 않는다
"고장났구나 갇히면 큰일이다"
다행이 문은 열렸다
"애들아 걸어 내려가야겠다"
내가 앞장서 계단을 내려오는데 13층에 왔을 때
엘리베이터가 움직이고 있었다, 아차싶었다
6학년짜리는 묵묵히 따라 내려오는데
그 뒤 1학년짜리가 볼이 메어 소리쳤다
"아저씨가 15층 단추를 눌렀잖어"

그 뒤 6학년짜리는 나를 만나면 빙긋이 웃었다
나도 빙그레 웃어주었다, 그러나

1학년짜리는 마주치지 않으려고 기를 쓰며 피해 다녔다

환상곡

즉흥환상곡을 들을 때마다
무지개다리를 보게 된다.

주안도서관 앞 길
작은 공원을 안고 돌아가는 길
단풍과 햇살이 눈앞에 가득 들어오는 길
만나는 반가움과 웃음

눈앞에 놓인 옛 의자
그녀가 앉아 있었던
지금은 빈 의자

환상곡 선율이
나를 이곳 의자까지 데려다 앉혀 놓고
햇살을 마주어 흩뿌리곤
저 혼자 사라져 간다.

석쇠

아이와 그림책을 넘겨보다가 아이가
바다 물고기 그림을 짚었습니다.
남해안 고등어가 펄쩍 뛰었습니다.
"이거 잡아봤어?"
"고등어? 그러엄 갯바위에서 낚시로 잡을 수 있어"
아이는 고등어를 다시 바다로 놓아 주었습니다.
"그럼 이거는?"
동해안 고래가 요동을 칩니다.
"그것두 쉬워"
그림책 고래는 고등어보다 약간 큽니다.
"이건 뭘루 잡아?"
"음 그거? 그것두 낚시로 잡아"
아이가 눈을 반짝입니다
"잡을 수 있어?"
"그럼 동해안 갯바위에 가면
하루 저녁에 한 망태기씩 잡는 걸"
"야 신난다
그럼 내일 고래를 잡아다 고등어랑

석쇠에다 소금 뿌려서 구워먹자 응?"

아이가 짚은 그림 속 고래는 펄쩍 뜁니다.

아이는 요동치는 고래를 쉽게 놓아주지 않습니다.

석쇠로 굽기에는 아무래도 어렵다는 사실을 어떻게 해명할까

밤새 궁리를 하느라 한잠을 못 잤습니다.

장담壯談과 허언虛言으로 역인 석쇠에 갇혀서

낚시꾼은 밤새도록 구워졌습니다.

청개구리 노래

친구들 앞에서 어머니를 자랑했다.
80을 훨씬 넘기고도 건강하시다고
어쩌다
정말 어쩌다 전화 드리면
괜찮다, 아픈 데 없다, 그냥 견딜 만하다
이게 복이 아니고 무엇이냐고

아내가 여기저기 쑤시고 아프다고 해서
병원엘 갔다.
나이가 들어가면 저절로 무릎 관절이고 혈압이고
문제가 생긴단다. 의사가
한국 여인들에게 잘 생기는 병이란다.

돌아오는 길에 문득 어머니가 생각났다.
아내보다 몇 배나 험한 일을 해 오신 어머니
그동안 하신 말씀 중에
이제까지 술술 잘 넘어가던 말씀 중에
견딜 만하다는 말이 목구멍에 콱 메었다.

그랬었구나
그랬던거야

이제서야 문득

초야初夜

신부를 자리에 누이고
설레는 마음을 진정시키며
주위를 둘러본다.

누구 엿보는 사람은 없는지
침 묻혀 창호지에 구멍 낸 곳은 없는지

찬바람이 스밀라 이불자락을 다독이며
촛불을 끄는 사이

신부는 눈을 꼭 감고
숨이 턱턱 막히는 긴
기다림의 봉우리를 터뜨려
향기를 이불자락에 편다

서툴게 일을 치르고 나면
부엌이나 헛간에서 수군거리는
웃음소리도 듣지 못한 채

깊은 잠에 빠져 버린다.

둘이
먼 여행길을 떠나는 꿈속으로

물의 사랑

나는 늘 그대가 우러르는 산봉우리보다는
조금 낮은 곳에
골짜구니를 만들거나
그대의 언덕 보다는 더 아래에서
개울로 흐르거나
그대가 가꾸는 텃밭보다는 좀 더 아래
논에서 헤엄치거나
그대가 집 지은 앞마당보다는 더 아래
우물 속에서 삽니다

그렇다고 늘 아랫것으로 만만히 보진 마세요
사랑이 늘 흐르다가도
배신으로 상처를 입고 두 눈이 퉁퉁 불면
싸늘한 비수가 되듯이
그대 앞에서
말없이 고분고분 아래로만 흐르던 나도
꼴이 역겨워 사랑이 식으면
누구도 함부로 오르지 못하는

산꼭대기 봉우리에 하얗게 앉아
차가운 칼날을 벼를 줄 안답니다

바람이 되려면·2

사람과 사람 사이를 돌면서
유심히 살필 일이다.

누구도 눈치 채지 못하게
옷자락을 흔들어 보고
머리카락을 살짝 스쳐보고
귓바퀴를 살살 간질이면서도
내가 지나갔는지를 모르게 할 일이다.

내가 지나간 자리에
사람들이 자기도 모르게 미소를 짓고도
왜 갑자기 상쾌해 웃었는지 모르게 할 일이다.

닫았던 옷깃을 열어젖히며
왜 갑자기 시원한 느낌이 들었는지
모르게 할 일이다.

히히

친구들은 스마트폰으로 빨리 바꾸라 난리를 친다
내 019 핸드폰을 두고
답답하단다
히히

아직도 메일 주소에 유니텔이 있냐고 놀란다
원시시대에 머무른 야만인을 보듯 한다. 친구들은
히히

그래도 나는 이들이 아직 구수하다
뭔가 우려내는 국물 맛이 있다
마치 전통의 우리 국밥처럼
누군가는 구수하다고 반가운 연락 올지도 모른다
히히
남동생 하나 오래 진에
집나간 셋째야, 나 아직 019와 유니텔 하고 있단다
옛날옛날 그대로야
히히

봄맞이 하는 법

우선은 따뜻함을 품에 안을 수 있어야 한다
아직 여름보다는 추운 날씨지만
그럼에도 따뜻하게 느낄 줄 알아야 한다
버들개지 눈틀 때의 가녀린 소리를
감지할 수 있어야 하고
촉촉한 봄비에 호미를 챙겨들며
설레임을 만들어 낼 줄 알아야 한다

| 제3부 |

빙하기

내장사

내장사 법당이 불타버린 까닭을
이제사 알겠다
절 주변 단풍이
저렇게 타 오르는 걸
온 골짜기 나무마다 훨훨 타오르는
저 불길을
문지기 사천왕인들
어찌 할꼬
감나무 열매마저
빨갛게 달아오르는 걸
스님들이 모두 나와 지킨들
어찌 막을꼬

빙하기

그것은 온 도시와 마을을 한꺼번에 얼려버린 것이 아니라
저 멀리 산골짜기나 외진 바닷가에서부터 천천히 얼려
온 것이다.
그래서 그 옛날 공룡들이 전전긍긍하다 서서히 멸종되어
간 것이다

밤이면 도시가 온통 화산으로 거듭 폭발하고 있을 때
하늘은 노숙하는 저녁 해를 들판에 내다 버렸다
나무들이 부르르 떨기 시작하며 말문을 닫았다

누구도 손을 들고 질문을 하지 못했다
사람들은 대를 이을 아이를 더 나야 하는지 몰라
우물쭈물 하다가 하나씩만 낳기로 했다.
아무도 얼음덩이를 보지는 못했지만 몰려드는 추위 때문에
서둘러 짐을 싸들고 농촌을 떠났다.
농촌에는 옛날에 써둔 전설 몇 편과 노인들만 남았다.
마을에는 빈집이 늘고 온기가 사라지고 있었다.
누구도 이 냉기가 도시로 향하고 있는지를 몰랐다.

누구도 아이들이 점점 줄어들고 있는지를 모르고 있었다.
그래서 누구도 질문하지 못했다.

벽지

담쟁이를 박제하여
방벽에 벽지로 바른 게 잘못이었다.
새로 이사 온 집이 쓸쓸해서
그럴듯한 원시의 숲을 꾸민다는,
유치한 꿈으로
담쟁이를 발랐던 거였다.

그날부터
밤이 되면 벽에 숭숭 구멍이 뚫리고
알 수 없는 냉기가 집안을 돌아다니는데,
안방 침실까지 헛기침 한번 없이
밀정처럼 들락거리는데
웬 죄가 많아서
마음은 쪼그라들 대로 쪼그라들어
비명도 못 지르고 떨기만 했다.

나는 원시의 숲은 포근하고 아름다운 줄만 알았다.
이렇게 나뭇잎 사이사이에 숨어 있던 살기가

스밀스밀 기어 나와 온 빔을 휘지으며
한숨도 못 자게 만들 줄은 정말 몰랐다.

나는 살기에 대항해
묵직한 책을 집어 들었지만
그거로는 놈의 머리에 생채기조차 낼 수 없는데 실망했다.

전화기를 들어 올렸지만
그걸 던져 봤자 민첩한 놈의 동작에
어림도 없을 거라는 두려움에 몸을 떨었다.

내가 놈에게는
먹잇감 이전에 장난감에 불구하다는 사실에 절망했다.

추위에 벌벌 떨며
난방 계기를 있는 대로 올렸다.

아무리 난방 온도를 올리고
집안 식구들이 덥다고 야단해도
나는 아직 춥다.

달

보름달로 커가는 모습을
사람들은 너무도 잘 알고 있다
하루하루 배를 불리며 뿜어내는 빛으로
세상이 점점 밝아져 감을, 그러나
달이 하루하루 기울어 점점이 빛을 잃어가는 속내를
사람들은 모르고 있다
그동안 그 안에서
왜 제살을 베어가며 힘겨운 걸음을 걸어야 했는지
그대가 남기고간 편지 한 줄에
솜사탕 같던 사랑이 녹아
점점이 눈물로 기화하고 있는지

마침내 깡마른 뼈대로 남아
이를 악다물고 한줄기 예리한 칼날이 되어
스스로의 명줄을 자르며 어둠 속으로 사라져야 하는 지를
사람들은 모른다
사라졌던 달이 무슨 생각으로
독한 눈망울에 냉소를 쏟아내고

대쪽 같은 머리를 풀이 헤치며
다시 보름달이 되려고 안간힘 쓰고 있는지를

정서진正西津

노을이
해안에 눈처럼 내리고 있다.

흰 눈을 뒤집어쓰고 누운 나무에
금빛이 내려앉으면
맨살의 허벅지가 드러나고
나무는 솟구치는 열기로
몸을 뒤챈다.

서쪽 땅 끝에서
나무는
막 화장을 마치고
바다를 향해 이제 붉은 춤을 출 것이다.

다리를 비트는 선율
파닥이는
율동

바람 한 자락에
살갗이 부서져 내리며
분분히 날리는 노을

이 순간
가장 신비로운 별이 될 것이다
지구는.

찻잔

늘 향기를 담고
점잖은 미소를 머금어야 어울리는
둥글고 부드러운 찻잔의 감촉 속에
독하게 내 뿜는
날카로운 분노가 숨어 있는 줄을 몰랐다.

겉으로 착한 척을 잘하는 내 심성 속
음흉한 이기심을 오늘
찻잔이 눈치 챈 듯하다

내 손길을 거부하고
스스로 낙하하여
바닥에 머리를 깨치며
뒤집어 날카로운 비수를 빼들고
부르르 떠는 모습이

담쟁이

그 가냘픈 손가락과
힘없이 펄럭이는 잎사귀들을 보며
사람들은
하루하루를 힘겹게 넘으며
끈질기게 살아가는
서민의 민낯을 보는듯하여
무한한 격려와 신뢰를 보내주기도 한다.

그러나
야생 숲에서 담쟁이는
그 여린 손과 가녀린 잎사귀로 힘겹게 나무를 타고 오르다
꼭대기에 오르면
마침내 나무를 뒤덮어 목 졸라 죽이고
하늘을 향해
승리의 손을 흔드는 정복자이다

돌 쌓기

너무 둥근 돌은 쓸모가 없다
잘생긴 괴석도 버려야 한다
좀 못 생겨도
아랫돌을 잘 받치고
윗돌을 괴일 수 있는 품새라야
쓸모가 있는 돌이다
쌓이고 싸이려면 모양새도 이웃과 맞추어야 한다
그래야 함께 높이 높이 탑塔을 이루고
시간을 멈추게 하는 몸짓에 다다를 수 있다.
나 혼자 잘생긴 돌은
어깨를 걸칠 친구가 필요하지 않아
홀로 굴러다닐 뿐, 종내
함께하는 시간의 종을 칠 수 없다.

사랑

사랑의 무게는 늘 변한다
바다가 한결 같아도
파도가 늘 높낮이로 울렁이듯이
한결같은 사랑도
아침저녁으로 무게를 달리하며 꿈틀거린다
그래서 사랑은 살아 있다
살아서 추위도 타고 더위도 탄다
웬수같은 실연 때문에
가슴이 찢어지고 피를 흘리기도 한다
그래도 남아 있는 사랑이 겨자씨만큼이라도 있으면
그리움의 집을 짓고 추억을 삭혀낸다
숨을 거둘 때야 비로소 사랑의 울렁임도 멈춘다
마지막 사랑의 무게가 행복이다

동체同體 되기

몸 밖으로 새어나가는 살의殺意를
최대한 줄여야 한다.
매화나무를 찾은 박새가 의심 없이
다가서게 하려면
나무처럼 서서 바람에 살랑살랑
흔들리게 두어야한다.
몸속에 맴도는 사냥의 본능이
완전히 사라질 때까지
마음을 골라야 한다

월미도 바람

아픈 이별의 그림자도
산벚나무 가지 끝에 걸어두고
바다 저 멀리 노을을 마주 하며
온 몸을 붉게 구워
짠 내음에 저리고 나면
나는 이제 바다 사나이다.

돌아 볼 추억도
지니고 다닐 그리움도
갯바위에 벗어 두고
행낭 메고 먼 길 떠나 듯
낙엽 하나 굴리며 뱃길을 나서면
나는 이제 월미도를 휘도는
산들 바람이다.

선인장

그대가
사막 끝머리 푸른 숲에서
보내마 약속한 강물을
기다리고 있다

잠들지 못하는
긴 밤 내내
그대 이름을 부르고 또 불렀다

그때마다
가시 되어 돋는
쉰 목소리

그대가 보낼 강물을 꿈꾸며
강물이 흐르는 꿈에서 육즙을 짜내
내 안에 이미 강물을 흥건히 쌓아두고 있음을
그대는 모르리
그대를 기다리느라 목만 길어진 나를

철새들의 군무

석양을 향해 두 손을 모으라

몸부림을 회오리바람으로 내뿜으며
뭉치고
흩어지고
맺고 풀어내는 우리 떠돌이 노래

떨어지지 말자
헤어지지 말자
몸으로 어두워 가는 하늘에 휘갈기는 맹세
어둠을 두려워하지 말자
밤을 무서워하지 말자

가슴에 파닥이는 떨림을
누에 실처럼 뽑아
온통 노을로 그려 내며
우리 흩어지지 말자
우리 제발 헤어지지 말자

물이 되려면

이 춥고 궂은 땅에 태어나서
뜨거운 차 한 잔으로 빈 창자를 후비며
늑골 끝에 매달린 그 잘난 자존심 하나 살리려고
겁 없이 살고 싶다면
새처럼 날아보아라

가슴 두근거리는 빛무리를 안고서
창공으로 창공으로
하늘 끝까지 날다가
가둘 수 없는 분노의 창으로
적군을 쓰러트리고
살이 벌겋게 데일 것 같은
사랑을 찌르고
승리의 깃발을 훔쳐서
승승장구 한없이 날다가
하도 날아서 날지 않으면
죽을지도 모른다는 두려움을 느낄 때까지
날다가

처음으로
네가 살아 온 세상 아래로 몸을 뉘어 보아라
아무소리 내지 말고 더 낮게
더 낮게

해무

교동 섬에 뱃길이 끊기면
해무가 몰려 와 바다 길을 메울 때가 있다.

아무리
안개를 가르고 잘라내어도
안개는 밍기적 밍기적 밀려다니며
길을 터주지 않는다

섬사람들은 바닷가에 나와
그물을 손질한다.

스믈스믈 뭉그러지는
바다와 육지를 그물바늘로 꿰어
잇대고 있다.

| 제4부 |

단풍

얼굴

—단풍19

스님에게 장난스레 말했습니다.
"내가 부처님 상호를 조각한다면
엉엉 우는 부처님을 만들겠습니다."
"엉엉 우는 부처를 무엇에 쓰게요."
"중생들은 해탈을 못 해 고통 속에서 헤매는데
부처가 근엄하거나 웃기만 해서야 되겠습니까?"
"그야 해탈한 상호를 보여주느라 그런 게지요."
"해탈을 하셨으니 더더구나 고통받는 중생을 위해
엉엉 울 수도 있잖겠어요?"
스님이 빙그레 웃었습니다.
"제가 본 거의 모든 부처는 엉엉 우는 상호를 하고 있던데요."

단풍제

—단풍49

지난 번 초상을 치룬 친구
49제를 지내며
쓰잘 데 없는 것들을 절 뒤뜰에서 태웠다.

사진하나 편지 한 조각에도
여전히 묻어나는 친구의 웃는 얼굴

아무리 털고 닦아내도
떨어지지 않는 미소들을
휴지처럼 모아
모질게
불을 지폈다.

마지막 웃음을 보이며
사라지는 유품들.

내가 손을 털고 떠나간
절집 숲에서

친구는

오래도록
저 혼자 불을 놓았다

만월滿月

—단풍14

도봉산 기슭을 헤매다가
해질녘에야 만월암滿月庵에 올랐습니다.
만월암에 막 떠오른 둥근달을 보며
"저는 인천의 만월중학교滿月中學校 교감입니다."
스님이 합장하며
"어찌 이 험한 델 오셨는지요?"
"만월암의 저 보름달을 저희 학교로 되찾아가기 위해서 왔습니다."
스님이 혀를 차며
"괜한 고생을 했군요. 보름달은 이미 만월중학교로 가고
이곳엔 없습니다."
나는 만월암에 떠 있는 달을 가리키며 짐짓 분개해서
"아니, 저기에 저렇게 보름달을 걸어두고 이곳에 없다니……."
스님이 다시 한 번 합장하며
"저 달은 우리 것이 아닙니다. 만월중학교 것이지요.
단지 만월중학교 보름달이 너무 지고至高하여
이곳에서도 저리 환하게 볼 수 있는 게지요."

나는 얼굴이 빨개졌습니다.

온 골짜기의 나뭇잎이 모두 빨개졌습니다.

길
—단풍2

이 세상을
등지고 떠나는 발걸음이야 오죽하랴.

마을을 감돌아
고개 위로 사라지는 길

그 고개 끝에 잠시 멈춰 서서
석양처럼
모질었던 마음을 붉게 토해내고 나면

팔랑팔랑
육신일랑 바람처럼 좀 가벼워질까.

고갯마루 빈 가지에 걸리는 그믐달처럼
가지 끝에 매달리는 쓰린 기억을
지나는 바람결에
명주 색실로 풀어서 날리고 나면

두둥실두둥실
육신일랑 구름처럼 흘러갈 수 있을까.

호수

—단풍17

사람조차 구경하기 힘든
깊은 골짜기에
자그마한 호수가 있습니다.

하루 종일 단풍든 나무들만이 둘러서서
가을 햇빛을 삭히고 있지요.

졸졸졸 좔좔좔
깊은 계곡을 감돌아 호수로 접어드는 물들이
온 산의 아름다운 소리를 모아 쏟아 붓고

산새들이 이 나무 저 나무 단풍에 놀라
비명을 떨어뜨리고

단풍들은 서로 다투어
풍덩풍덩
붉디붉은 색깔로 자맥질을 하건만

호수는 진혀 물들지 않은 채
적막합니다.
호수에 뛰어든 소리와 빛깔은
어디로 가고

단지
줄 없는 거문고만 황홀하게 울리며
호수를 감싸고 있을 뿐입니다.

이별離別

—단풍36

한 두름 사설을 엮고 있는 솔나무
뒤에서
맴돌기만 하다가
이제 떠나야 하는 나의 바람

어제까지 손바닥에 훙건하던
흙 내음
살 내음
돌아보면 둥둥 떠 사라지고

어제 올린 염불처럼
숲에는
첫눈이 내린다.

되돌아보지 않을 거야.
훌훌
눈송이에 섞여서
눈송이인 양 날리며.

참고 참아 흘리는
그대 울음소리에도
절대 되돌아보지 않을 거야.

눈송이 사이 숨어 날면서
숨어 그대를 돌아보며
눈처럼 하얗게
숨어 섞이는 눈물 하나 놓으며.

산문
—단풍21

"산문山門이라……."
웃음 띤 스님은 손을 들어 가리키며
"저 모퉁이를 지나면
 아마 산문山門이 보일 겝니다."
스님은 다시 한 번 빙긋 웃고는
휘적휘적 내려가 버렸습니다.

모퉁이를 돌아
스님이 가르쳐 준 대로
바위가 놓인 징검다리를 건너고
너럭바위 앞도 지나고
자그마한 용소龍沼도 지났건만

아무리 걸어도
스님
제게는 왜 산문山門이 아니 보이나요.
혼잣말로 묻고 보니

비로 앞에

붉게 단풍든 나무들이 서로 엉겨

터널을 이루고

그 속에서 목탁소리

은은히 새어나왔습니다.

시詩의 무덤

—단풍35

우리가 살다 살다
멋대로 흘러가는 세월에
허우적대며 살다가
간이 썩어가고
뼈마저 삭아
마침내 오징어처럼 문드러져 살다가

여자를 만나 사랑의 단물을 마시며
홍청망청 살다가
7월 가뭄의 우물처럼
더 퍼낼 향기마저 마르고
두레박 끈까지 형편없이 삭아서
뙤약별 아래 누운 숭어처럼
헐떡이며 살다가

허허벌판에 눈 쏟아지는 날
혼자 걸으며
혼자 소리 지르며

혼자 죽어가는 날
육신은 검불처럼 바람에 다 날아가고
마지막 남아서 눈에 묻히는
맑디맑은
눈물 한 방울.
붉디붉은
노을 한 방울

길 끝

—단풍37

무엇을 남겨
가슴에 담아 가야 하리.
길 끝은
언제나
회오리바람 지나는 사막.

어쩌다 잠자리에서 거니는
떡갈나무 숲과
맑은 계곡은
닿지 않는 전설일 뿐,
계곡을 벗어나면
푸른 아지랑이 피는 사막
아득한 사막 끝에서 일어나는
유황 불덩이
아버지의 나라.

아버지가 쉬엄쉬엄 거닐며 가꾸는
저 불의 나라에

내 무엇을 가지고 가야 하리.

뜨거운 불꽃 속에서도

절대 녹아 사라지지 않는

그 무엇을

가슴에 담아 가야 하리.

어린 보살
—단풍42

작은 절 앞을 지나
단풍이 우거진 골짜기를 향해
두 살 박이 아기가 아장아장 걸어갑니다.
골자기 저 안쪽 작은 오두막 자기 집을 향해.

걸어가던 아기가 돌아서며 손을 흔듭니다.
"초고, 고마어"
온 골짜기의 단풍이 같이 손을 흔듭니다.
스님은 합장을 합니다. "나무 관세음보살"
아기의 엄마 아빠는 엉엉 웁니다.
간호사는 초코렛 하나를 손에 들고
멀어져 가는 아이에게 한없이 손을 흔듭니다.

지금 막 이 작은 절에서 다비식을 마친 아이
'고마워요'를 반복해 배워도 늘 '요'자를 빼 먹는 아이
초라하고 좀 모자라는 젊은 부부가 허겁지겁 들쳐 업고 병원에 쳐들어 왔던 아이.
수술비 낼 돈이 없어 젊은 부부가 몇 푼 안 되는 산골짜기

밭문서를 대신 내밀고 아이를 살려만 달라고 떼를 썼던 그 아이

수술 후 아픔을 초코렛 하나로 참아내던 아이

신기한 초코렛 맛에 앙증맞게 웃던 아이

의사와 간호사들이 돌아가며

초코렛 봉지를 사들고 갔던 아이.

퇴원하는 날 밭문서를 돌려주며 원장님 눈시울을 적시게 만든 아이.

좀 모자라는 부모가 좋아 했던 퇴원.

사실은 절망적 상황이어서

간호사들을 아무도 안보는 구석에서 울게 했던 아이.

퇴원한 뒤에도 이 골짜기까지

초코렛을 들고 비번인 간호사들을 오게 했던 아이.

골짜기에 들어 서기 전에 있는 이 작은 절에서

불공이라도 간절하게 드리고 가게 만든 아이.

이야기를 들은 스님이 눈시울을 붉히며 찾아가게 만든 아이.

종내 스님이 임종을 맞게 만든 아이

어른도, 스님도 아닌 아이 주검을 두고

"우리 절에서 다비식을 합시다." 스님이 제안한 아이.

만나는 사람마다 마음을 온통 헤집어 놓고

울게 만든
그 못된 두 살 박이 아이가
지금 단풍이 꽉 들어찬 골짜기를 향해 아장아장 걸어갑니다.
골짜기 저 안쪽 자기 집을 향해.
"초고, 고마어" 손을 흔들며.

기다림
—단풍52

스님은 바보야
스님은 바보야
스님은 바보야

내가 왜 코스모스를 꺾는 지도 모르고
내가 댓돌에 앉아
왜 한없이 절 오르는 길을 내다보고 있는지
아무리 바라보아도 왜 싫증이 안 나는지
스님은 그것도 모르는 바보야.
엄마가 나를 절에 맡기고 간 그때가
코스모스가 피는 계절이었다는 걸
스님은 그것도 모르면서
맨날 부처님한테 절만 하래

노을이었어요

—단풍59

스님! 스님!
부처님 얼굴이 이상해 졌어요.
어딘가 좀 바뀐 것만 같아요.
아무리 부처님이 모습을 자주 바꾼다지만
글쎄 어제만 해도 아무나 보고
바보처럼 빙긋이 웃기만 하던 부처님이
밤사이 몸에다 요상한 법문을 걸으셨는지
눈을 지그시 감으시고
"고맙습니다. 사랑하세요"
그랬거든요
얼굴빛이 노을이었어요

도량

—단풍31

스님은 대답 대신 내게 반문했습니다.
"그럼 농부는 왜 사람이 많은 도시에서 살지 않지요?
정작 양식을 필요로 하는 사람이 많은 곳은 도시인데."
"그야 농부는 농사짓기에 마땅한 농토가 있어야 하니까
농촌에 있을 수밖에 없지요."
"절도 스님도 마찬가지지요.
스님도 마음의 농사를 짓는 농부랍니다."
도량에 대해 시비를 걸었던
나는 또 얼굴이 붉어졌습니다.

못난이
—단풍26

Ⅰ.

교정校庭 한 모퉁이에 서 있는 못생긴 단풍나무입니다.
곁가지에 의지해 비틀비틀 자라난 앙상한 나무입니다.
가뜩이나 가냘픈 몸이 오늘따라 지독한 감기에
몸살을 앓습니다.

토요일 텅 빈 교정 때문만은 아닙니다.
차디찬 밤공기 때문만도 아닙니다.
낮에 퇴근하시던 여선생님의 들뜬 목소리
내장산으로 단풍 구경 간다는
들뜬 목소리가
가뜩이나 못난 단풍나무 가슴을 아프게 합니다.
'나도 단풍나무인데…….'
하나, 주위를 둘러보아도 이만큼 못생긴 나무가 없습니다.
내장산 단풍나무가 너무너무 부러웠습니다.

Ⅱ.

온몸에 열이 펄펄 끓어 신음하는 모습이 안타까웠든지

별들이 무너기로 내려와
밤새 머리와 몸을 다독거려 주었습니다.
낮에도
화창한 가을 햇볕이 따스한 손길로
병색이 든 몸을 내내 어루만져 주었습니다.

Ⅲ.
월요일 아침 출근하는 여선생님들 목소리가 들렸습니다.
"내장산 단풍을 구경했으니 좋겠다."
"고생만 실컷 했어.
 단풍 구경이 아니라 사람과 자동차의 전쟁터야."
그러다 못생긴 단풍나무를 향해 손짓했습니다.

"어머머, 저 단풍나무 좀 봐."
순간 나무는 창피해서 몸을 움츠렸습니다.

"멋있다. 세상에 이렇게 곱게 단풍든 나무는 처음 봐."

| 제5부 |

숲

잠자리

깊이 든 잠자리에서
잠시 아내의 곁을 떠난다.

방황 끝에 지쳐 돌아와
잠자리에 눕고 보니
이번엔 아내가 떠나고 없다.

나는 숲을 헤매다 돌아왔건만
아내는 어디로 떠난 걸까

나는 숲의 샘터 근처를 헤매고 있었지만
아내는 숲의 어디를 방황하고 있는가.

숲으로 다시 들어가
목이 쉬도록 불러도
대답이 없다.

아침에 지쳐 돌아온
아내의 목도 쉬어 있건만

숲

새가 울어도
숲은
들으려 하지 않았다.

그 숲엔
메아리가 없었다.

처음 골짜구니로
바람이 들어설 때도
숲은 소리없이
흔들리기만 했다.

새가 날개를 퍼덕여도
숲은 공간을 주지 않았다.

숲의 머리 위에는
하늘이 없다.

처음
한 줄기 햇살이
숲을 가르고 들어설 때에도

숲은
그늘을 지우고
열어주지 않았다.

사도세자

뒤주 속에서
머릴 잘랐지요
아버지
세상 인연이라는 거
이리 아픈 줄 모르고
갈대같은
머리를 잘라냈지요

무시로 울던
바람
어디로 가고

이승하고 저승 사이
길이 트이더이다

마지막 한 줌
머리칼이 잘리고
아버지, 울음 소리가
비로소 웃음처럼 들리더이다.

숭어 이야기

숭어 새끼들이 숨어서 은밀히
비늘을 닦고 있는 곳을 알로 있다.

더러울대로 더러워진 요즘 강江
그 사이로 거슬러 오르는
숭어의 비늘이
유난히 빛나는 까닭을

어릴적 골목을 떼지어
몰려다니던
장난꾸러기들의 맑은 웃음이
솟아나는 곳을

강보다
바다보다 더 깊은 늪짜기에서
푸르른 샘을 퍼내는 곳을

사과의 인상印象

나무 밑에 떨어진
뉴톤의 사과
한 알이
긴 날을 두고 썩고 있었다.
썩어가는 사과
한 알은
실상 땅 속으로
곤두박질치며
한없이 떨어지고 있다는 생각이 든다.

나무 아래서
썩다가 썩다가
말라 비틀어진
사과의 일대기一代記는
휴지처럼 끝나고 있었지만
실상은 죽은 것이 아니라
죽은 듯이 누워서
신성神聖한 땅 한 조각을 위하여

맑은 공기空氣 한 모금을 위하여
우주宇宙와 지하정토地下淨土를
방황彷徨하고 있다는 생각이 든다.

사과 씨앗의 내부를
들여다보며 만나는
노랑, 빨강 향기로운
사과향기가
속살을 에둘리고
땅 속으로 끝없이 떨어지다
마침내 포옹하는 맑은 시냇물 소리는
사과 한 알의
음성音聲이라는 생각이 든다.

약수터를 만들며

여기쯤
산새 한 쌍이 날아와
하늘 푸른 조각을 쪼아
둥지를 트는 여기쯤
숲의 숨소리 가까이 들리는 이곳에
심장을 헤치고 정釘을 박으랴

아침 안개 피워 앉은 자리
깊이 속에서 울리는 땅의 맥박이
전설로 용솟음치는 여기

짐승우는 소리 머물고
가끔은 나무하는 아이
휘파람이 지나는 여기쯤
정釘소리도 함께 울려보랴

땅 속 깊이
바위 밑으로만 흐르던 수줍음이

맑은 지혈地血도 솟아오르는 날

처음 입맞춤의 희열로

숲을 흔들어 깨우며

정釘을 박아보랴

난蘭과 겨울

손 끝에 난 향기
한 올
묻혀 낸 저녁은
난 잎 하나가 밤 새
기침을 한다.
기침을 하다 하다
제 몸까지 태우는
난은
연기조차 한 가닥
남기는 법이 없다.
난 잎이
싱싱하게 살아난
저녁은
내 손마디 하나가
대신
까맣게 탄다.

당신 소문

나는 강가에 나가 손을 씻으며
멍청한 강을 세뇌시키고 왔습니다.
한양 복판을 굽이굽이 돌아오면서도
당신 소식하나 물어 오지 않다니….

앞으로
집집이 수도꼭지에 귀를 열어두고
눈도 부릅뜨고
소문이란 소문은 모두 거두어 오라고
강의 볼기를 찰싹찰싹 때렸습니다.
지금쯤 당신은 아마
인간보다도 비겁하게 겁난 얼굴로 숨어서
재채기를 하고 있겠지요.
나는 강가에 나가 손을 씻으며
멍청한 강을 세뇌시키고 왔습니다.
멍청한 놈 하며 볼기를 치고 돌아와 보니
나의 등골이 저려 왔습니다.
헤어진 후 피골이 상접해 졌다는
당신의 아픈 소식이 대문에 걸려 있기에.

침몰沈沒

1.
벙어리였다. 바다는
말 못하는 불구였고
귀머거리 우리의 귓가에는
메시아의 휘파람이 걸려있었다.
언어는 하얗게 쓰러져
가라앉는 돛대 끝에서
떨고 있었다.

2.
항구가 출렁거렸다. 부두는
그들의 지친 배를 안고 무너져 내렸다.
성큼 선체 속으로 솟아드는 물줄기는
이미 부재不在의 몸짓이었다.

3.
가라앉는 자들의 몸짓과 음성을
바다는 깊은 곳에 앉아

듣고 있었다.
한 발, 한 발 아래로 내려설 때마다
어둠은 공포로 반짝거렸다.

4.
음성 하나 가라앉을 깨마다
바다의 상심傷心은 한 가닥 더 했다.

5.
말씀을 하나씩 잃고 있었다.
그때마다 바다는 제 몸을 가르고
핏발선 목소리로 일어나
항구를 향해 돌진하고, 부딪치고
하얗게 부서져 한 가닥씩
불꽃으로 타고 있었다.

6.
귀머거리였다. 우리는
듣지 못하는 불구였고,
전달되지 않는 언어를 깃발에 달아
항구를 부딪는 바다는
한 자루 촛불을 켜들고

끝없이 내려앉는
앙상한 돛대의 목소리였다.

역에서

술잔이 굴러 떨어졌다.
깨진 유리잔에서
술향기 대신 피가 났다.

그녀가 떠나는
기차를 보내고
프렛홈에
무성해진 숲
빛살 하나 없는 어둠 속에서
슬픈 새떼들이
빛나게 울고 있었다.

|해설|

기체들의 춤과 음악

—정승열의 시세계

박서영 | 시인

정승열 시인은 보이는 세계에서 보이지 않는 세계를 탐구한다. 그의 무수히 많은 시편들은 꽃을 비롯한 자연적 이미지에 기대어 있다. 그러나 자연을 노래하는 데 그치지 않고 자신의 내면의 소리에 귀를 기울인다. 시인의 사유는 꽃과 나비, 나무와 동물, 우주의 현상을 활강하듯 돌아다닌다. 많은 시편들에서 이미지 속을 춤과 음악처럼 자유롭게 다니는 걸 볼 수 있다. 연기煙氣란 무엇인가. 사전에 의하면, 어떤 것이 불에 탈 때 생겨나는 흐릿한 기체나 기운을 연기라고 한다. 생을 운반해 가는 모든 것은 언젠가는 소멸에 닿게 된다. 우리가 소멸에 직면했을 때 흐릿하게 피어오를 기체나 기운은 강렬한 후광을 남기게 되는데, 우리는 그걸 고통이나 슬픔이라고 부른다. 고통이나 슬픔은 내부에서 일어나는 화학반응 같은 것이다. 그런 감정은 밖으로 공격성을 드러내지 않고도 충분히 스스로를 공격할 수 있는 힘을 가졌다. 그것은 내부에서 일어나는 반응이므로 더 깊고 아릿하다. 우리가 하나의 꽃과 마주했을 때도 연기는 피어오른다. 특별히 감각이 열려있는 시인은 그 어떤 사물이나 자연 앞에서도 이후의 생을 보고 소멸을 느낀다. 신神적인 어느 화가처럼 세상의 색을 섞거나 흐릿하게 할 줄 알고, 색을 지울 수도 있다. 정승열 시인이 보여주는 세상의 이미지들은 춤이나 음악처럼 무한하고 자유롭지만 그래서 그것들은 기체처럼 기화해서 사라질 수 있다는 것이다. 생각해 보자. 세상을 떠도는 것 가운데 춤과 음악 같은 이미지들은 무수히 많다. 거리를 걸어가는 사람, 흔들리는 꽃, 튀어오르는 색깔들, 나비들, 달, 불, 튀어 오르는 고등어와 고래, 펄럭이는 잎사귀들, 철새들의 군무, 흔들리는 물 등은 모두 춤의 이미지들이다. 그리고 소리를 가진 것들은 다 음악으로 볼 수 있다. 목소리, 변기의 물소리, 전화 소리, 매미 울음, 아이의 웃음소리, 어미의 자장가, 새 울음, 확성기 소리, 신음들, 바람소리, 그리고 노래 등은 음악으로 볼 수 있는 것이다. 정승열 시인에 의하면 인생의 음악은 "바람결에 보내는 음성"(「바람꽃」)이며 "애끓게 보내는 구애의 목소리를 감지"(「바람꽃」)하는 일에 다름 아니다. 또한 시인에 의하면 음악은 색을 가신 춤으로 바꿀 수도 있다. "그대의 목소리를 분광分光하여 온갖 색깔로 거르는"일의 제사장으로서 시인은 그 역할을 다하고 있다. 그의 시 「바람꽃」 또한 '바람'이라는 기체가 '꽃'이라는 춤으로 변화한 느낌을 지울 수 없다.

우리는 또한 춤에서 음악을 느끼고 음악에서 흔들흔들 춤을 느낄 수도 있다. 이렇게 자유로운 내통 속에서 우리가 본질적으로 보게 되는 건 무엇일까. 순간의 춤과 음악은 사진이나 그림처럼 물질로 남아있지 않는 것이다. 그것들은 금방 사라져 버린다. 그런 점에서 춤과 음악은 소멸과 죽음을 만나게 된다. 정승열 시인은 바로 자연과 우주의 여러 현상들 속에서 흘러 다니는 소멸과 죽음을 보고 있다. 그것은 꽃을 통해 인간의 삶을 들여다보고, 단풍이라는 나뭇잎의 변화를 통해 삶에서 죽음으로 변화해 간 인간의 몸을 이야기 하게 된다. 언어로 만든 시적 형상들은 춤과 음악의 제의를 통해 독백하고 위로한다. 인간의 탄생, 혼례, 죽음의 의식에는 춤과 음악을 사용하여 신성시하였다. 그것은 죽음을 끝이라고 보지 않은 조상의 지혜와 맞닿아 있다. 인간에게 영혼이 있다고 믿는 사람들은 영혼이 가는 길을 아름답게 해주어야 한다고 생각한 것일까? 다시 아름다운 길을 따라 돌아오라는 염원을 담기 위해서였을까? 그러나 해마다 봄은 돌아오지만 한 번 떠난 사람은 돌아오지 않는다.

우리는 그것을 잘 알고 있다. 그러나 영혼을 믿고 영혼을 돌보는 제사장으로서의 시인은 죽음에의 신성을 통해 기원하고 기도한다. 이승이든, 저승이든 하나의 세계가 펼쳐진 곳에서 일어나는 일들에는 분명 아름다운 혼령들이 깃들어 있기 때문이다. 시인은 색을 그리는 화가처럼 언어로 시적 존재들의 색을 그려낸다.

달빛 아래 허리춤을 내리고
희멀건 허벅지로 춤 한 번 추고나면
이리들 야단이다 시인은
눈물을 찔끔거리며 가엾단다 뽀얀 얼굴이
어둠에서 익은 달뜬 유혹의 목소리가
너무 앳되어 안쓰럽단다
꿈길에 들어서는 달밤이란 무대에 알몸으로
우윳빛 안개를 휘감고 서면
나는 낮에는 보이지 않는
또 하나의 별이다

—「달맞이꽃」 전문

정교한 스텝 뒤로 남는 춤의 그림자에
어제 물가에서 터뜨린 폭죽의 색을 입히고
동대문 길가 패션쇼에서 훔쳐보았던 춤사위에
젖은 무지개를 바른다.

무대 뒤에서
간혹 기다림의 긴 시간을 조금씩 잘라서
햇빛이 내려앉은 잎사귀를 잘근잘근 씹는 연습을 한다.
해서 뽑아낸 색실로 노란 날개깃을 만들고
그도 모자라면 목욕탕에 갇혀있던 아이의 신음에서
퍼런 색실을 자아내어 연약하고 애처로운 춤사위 하나
만든다.

—「나비」에서

눈을 떴을 때 아침햇살이 퍼지면서
이미 온 골짜기는 불바다였습니다
이렇게까지 번질 줄은 몰랐습니다
소방관님 저 골짜기 벚나무, 진달래, 복사꽃에 붙은 불은
제가 저지른 범죄입니다

—「저 불은 내가 질렀다」에서

인용한 시들에서 '춤'은 직접적으로 혹은 간접적으로 드러나 있다. 먼저 시인은 달밤아래 피어있는 「달맞이꽃」을 보며 '춤'을 떠올린다. 무대 위에는 달이 비치고 무용수인 달맞이꽃은 너무 여리고 앳되어 시인의 가슴에 안쓰러워하는 정조를 채워준다. 무대를 바라보는 시인은 한 사람의 관객으로 스스로를 '별'이라고 하면서 작은 반짝거림으로 달 곁에서 빛나고 있음을 드러낸다. 그리고 꽃에게 나비가 찾아들면 그들의 "정교한 스텝 뒤로" 색깔들이 튀어오르고, 시

인은 그 순간들을 포착한다. 조명이 비치는 무대를 바라보는 시인은 꽃과 나비의 춤에 적극적으로 개입하게 되는데, 시인의 몽상은 화가가 되어 색을 입히고 나비의 날개깃을 만들고 춤사위를 만드는 것이다. 언뜻 무대 위의 풍경과 시인의 몽상이 합쳐짐을 알 수 있다. 이때 시인은 조물주의 능력을 갖게 되며 그것이 곧 언어의 힘이다. 인용한 시 「저 불은 내가 질렀다」를 보면, 자연이나 어떤 형상에 개입하는 시인의 적극성을 한층 더 엿볼 수 있다. "소방관님 저 골짜기 불은 제가 질렀습니다"로 시작하는 이 시는 시인이 몰래 골짜기로 들어가 꽃을 두들겨 깨우고 "별의 불꽃"으로 "꽃망울에게/사정없이 휘둘러 불을 댕겼"다는 것을 알 수 있다. 그러다가 깜박 잠이 드는데 웬일인가. 깨어나 보니 "온 골짜기가 불바다였"다는 것이다. 세상에 꽃불을 지른 시인의 고백은 마지막 '범죄'라는 단어를 통해 불온성을 획득하게 된다. 번지는 불길은 춤을 추며 온 산을 태웠을 것이다. 그렇다. 춤은 이렇게 도발적이고 불온한 것이다. 그것은 가만히 있지 못하고 끝없이 움직이고 흔들리면서 타자의 마음까지 뒤흔든다. 경계를 넘나들게 하고 경계를 지우기도 한다. 춤은 형상이 있는 몸을 가진 것들의 존재성을 일깨워준다. 우리는 흔들리지 않는 무생물보다 흔들리는 생물들에게서 아름다움을 발견하고 연민을 갖게 된다. 시인은 동식물이 가진 춤의 향연을 통해 건강한 살아있음을 보여주고 있다.

그러나 춤에는 음악을 배경으로 깔아야 한다. 시인에 의하면, "꽃잎을 열어 하늘을 받아들이기 전에, 먼저 바람의 귀를 열어야"하는 것이다. 그렇게 해야 "폭포에 휩싸여 점점 미약해져 가는 그대의 신음 한 점이라도 놓"(「바람꽃」)치지 않게 되는 것이다.

나는 색을 지우는 화가
싱크대 설거지물에다 변기 물을 섞고
라디오 음악 소리에 전화소리를 뒤섞어
버스 뒷좌석 바퀴가 돌고 있는 즈음에 배설을 하면
하루라는 그림이
뭉개진 조간신문 활자들처럼 한없이 시커멓다.
그래서 나는 까매진 생명들의 흔적에서
색을 건져내어 하나씩 하늘에 흩뜨린다.
누구도 나를 제대로 목격한 사람은 없다.
그래서 나를 탓하는 사람은 없다.
그래서 나는 투명하다.
바다에 빠진 아이들에게서 꿈을 빼앗아
허공에 파란색으로 흩뜨릴 때에도
사람들은 정작 내 죄를 보지 못했다.
내가 노랑, 빨강, 연두, 주황색을 거두어
하나씩 하늘에 그림으로 그려낼 때에도
누구도 그 감동을 목격하지 못했다.
그래도 나는 그림을 그린다.

모든 주검으로부터 색을 걷어내어
하나씩 허공에 흩뜨리는 나는
무명의 화가다.

—「연기煙氣」 전문

춤과 음악은 경계를 넘나들고 경계를 지우기도 한다. 어쩌면 이런 세계는 삶이라기보다 죽음의 세계에 더 가까울 것이다. 시인은 "하루라는 그림이/뭉개진 조간신문 활자들처럼 한없이 시커멓다"라고 이 시의 배경을 보여주고 있다. 신문의 활자가 시커멓게 뭉개진 건 바로 '죽음'의 세계를 보았기 때문이다. 바로 아래 문장들에서 "까매진 생명의 흔적"이라는 표현이 나오는 걸로 보아, 그리고 "바다에 빠진 아이들"이라는 표현으로 보아 '세월호'사건을 배경으로 하고 있는 것으로 보인다. 살아있는 것들은 모두 색을 갖고 있다. 죽는다는 것은 그 색이 없어진다는 것이다. 시인은 혼자 세월호 침몰로 인해 색을 버린 아이들의 장례를 하나하나 치러주고 있다. 아무도 시인을 탓하진 않지만 시인은 왠지 죄의식에 사로잡혀 있고 뭔가를 해야 할 것 같은 생각에 잠겨있다. "지난 날 몇 억 광년을 날아 가/간신히/ 바다 속 산호초에/하얗게 기절하여 쌓여 있을 나의 노래들"(「별똥별」)을 부른다. 세상의 모든 울음은 슬픔 음악처럼 흐르고 재 된 사람들은 연기를 피워올리며 자신의 색을 하늘로 올려보낸다. 시인은 대신 울어주고 장례를 치러주며 혼자 제

의의 시간을 보내고 있다.

오랜 세월을 두고
먹이를 가려서 소리를 추려낼 줄 알아야 한다
개나리 울안에서 들려오는 아이의 웃음소리,
느티나무 그늘에서 불러주는 어미의 자장가,
참나무 가지에서 들리는 휘파람새 노래,
먼 도시에서 들려오는 확성기 소리,
그렇게 모은 소리로 울대를 만들고
오래오래 다듬어야

물 한 모금, 밥 한 공기 입에 대지도 않고
죽을 때까지 소리만 하다 죽을
매미로서의 오페라가 완성되는 것이다.

—「매미」에서

자신의 소리를 갖기 위해 인고의 시간을 보내는 「매미」는 노래의 대가다. 매미는 땅 속에서 칠 년 동안 웅크리고 있으면서 세상의 소리들을 다 들었고, 그렇게 모은 세상의 소리로 자신만의 노래를 만들었다. 세상에 흩어져있는 온갖 소리들은 시인에게 음악이 된다. 노래가 된다. 좋은 화음을 만들고 '오페라'가 완성되면 춤과 음악은 아름다운 색깔로 재탄생하게 되는 것이다. 물론 시인에 의해서 재구성되고 탄생되는 색은 죽음 뒤의 후광과도 같은 거여서 그립고 애

듯하고 연민을 불러일으킨다. 시인은"모든 주검으로부터 색을 걷어내어" 연기처럼 허공에 흩어지게 하는 존재이기 때문이다.

시인은 소제목 「단풍」 연작을 통해 죽음을 탐구하고 있다. '단풍'은 식물의 색이 변하는 현상을 말한다. 시인에게 있어 단풍은 기후변화나 과학이나 화학반응으로서의 단풍이 아니라, 생명이 중지된 어떤 상태를 말한다. 즉, 시인은 '단풍'에서 죽음의 풍경을 보는 것이다.

지난 번 초상을 치룬 친구
49제를 지내며
쓰잘 데 없는 것들을 절 뒤뜰에서 태웠다.

사진하나 편지 한 조각에도
여전히 묻어나는 친구의 웃는 얼굴

아무리 털고 닦아내도
떨어지지 않는 미소들을
휴지처럼 모아
불을 지폈다.

마지막 웃음을 보이며
사라지는 유품들.

내가 손을 털고 떠나간
절집 숲에서
친구는

오래도록
저 혼자 불을 놓았다

—「단풍제-단풍·49」 전문

이 세상을
등지고 떠나는 발걸음이야 오죽하랴.

마을을 감돌아
고개 위로 사라지는 길

그 고개 끝에 잠시 멈춰 서서
석양처럼
모질었던 마음을 붉게 토해내고 나면

팔랑팔랑
육신일랑 바람처럼 좀 가벼워질까.

고갯마루 빈 가지에 걸리는 그늠날저넘
가지 끝에 매달리는 쓰린 기억을
지나는 바람결에
명주 색실로 풀어서 날리고 나면

두둥실 두둥실
육신일랑 구름처럼 흘러갈 수 있을까.

—「길-단풍·2」

지금 막 이 작은 절에서 다비식을 마친 아이
'고마워요'를 반복해 배워도 늘 '요'자를 빼 먹는 아이
초라하고 좀 모자라는 젊은 부부가 허겁지겁 들쳐 업고
병원에 쳐들어 왔던 아이,

—「어린 보살-단풍·42」에서

죽은 이의 유품을 태운다는 것은 어느 한 사람의 일생을 정리하고 보내준다는 의미다. 죽고 나면 다 태우고 버릴 것들을 우리는 생전에 참 많이도 사고 모은다. 특별한 경우가 아니라면 우리의 세간이라는 게 평생 몇 번 사용하지도 않은 채 버려지게 된다. 하지만 망자가 살아생전 사용하던 모든 물건들을 다 '유품'이라는 의미를 두고 기억하는 건 아니다. 망자에게도 남은 이에게도 뭔가 특별함이 묻어있는 물건들을 우리는 '유품'이라고 부른다. 유품이라고 불리는 것에는 기억이나 추억이 있다. 그 사람을 기억할 만한 특별함이 묻어있는 것. 대를 이어 물려줄 수도 있고 어딘가에 기증하기도 한다. 남은 자는 망자의 유품을 정리하며 그이와의 추억을 되새기고 기억한다. 시인은 먼저 간 친구의

유품을 태우며 마지막까지노 기억에 남아있는 그의 '미소'마저 불태워버린다. 얼마나 원망스러울까. 남은 자도, 먼저 간 자도 얼마나 아팠기에 '미소'마저 태워야 하고, 망자는 또 저 혼자 "불을 놓고"있는 것일까. 인간의 기억이란 게 쉽게 잊히고 편해진다면 얼마나 좋을까. 구름처럼 바람처럼 팔랑팔랑 잊히면 생이 한결 가벼워질 텐데 살아있는 자들의 생은 언제나 무겁고 붉기만 하다. 그래서일까. 시인은 유독 강렬한 붉은 색을 많이 사용하고 있다. 자주 불을 놓고 뭔가를 태우고 있다. 그것은 시인이 누군가를 보내주고 그리워하는 혼자만의 의식이다. 혼자 조용히 적막한 호수를 산책하며, "단풍들은 서로 다투어/풍덩풍덩/붉디붉은 색깔로 자맥질을 하건만/호수는 전혀 물들지 않은 채/적막합니다./호수에 뛰어든 소리와 빛깔은/어디로 가고//단지/줄 없는 거문고만 황홀하게 울리며/호수를 감싸고 있을 뿐인"(「호수-단풍·17」) 곳을 사색할 뿐이다. 이 고요한 풍경은 소로우의 『월든』을 떠오르게 한다. 소박하고 조용한 삶에서 자신을 성찰하고 인간의 존엄성과 자연의 숭고함을 일깨워주었던 소로우의 인생관이 엿보인다. 생명이 유한한데도 자신은 멸하지 않을 듯 사모으고, 자연을 파괴하는 인간들을 보면서 구원은 점점 멀어짐을 느낀다. 정승열 시인은 불교적 세계관을 통해 인간의 미비함을 일깨워주고 삶과 죽음의 춤과 음악을 보여준다. 시인은 이렇게 경고한다. "그러나 착각하지 마세요/30초가 지나면/나는 당신을 암흑의 벼랑으로 밀어버릴 거에요/우리는 당신이란 존재를 망각해 버릴 거니까요"(「등불 센서」) 그러니까 살아있을 때"남아있는 사랑이 겨자씨만큼이라도 있으면" 사랑해야 한다. "마지막 사랑의 무게가 행복"(「사랑」)이니까. 시인은 다시 한 번 간절하게 자신의 감정을 토로한다.

가슴에 파닥이는 떨림을
누에 실처럼 뽑아
온통 노을로 그려 내며
우리 흩어지지 말자
우리 제발 헤어지지 말자

—「철새들의 군무」에서

어쩌랴. 철새들은 한 곳에 머물지 않는다. 그러니 두 손을 모아 기도해야 한다. 떠나는 저 습성을, "떠돌이 노래"를 부르는 저 철새들의 습성을 붙잡기 위해서는 간곡해져야 한다. 두려워하지 말고 맹세를 하고 기도를 하자. "떨어지지 말자/헤어지지 말자"고 자신에게 타인에게, 그리고 신적인 모든 존재들에게 두 손 모아 기도해 볼 일이다.